MIENTRAS TANTO

José Rubio

MIENTRAS TANTO

COLECCIÓN LA CRUZ DEL SUR • EDITORIAL PRE-TEXTOS

MADRID • BUENOS AIRES • VALENCIA • 2025

Primera edición: abril de 2025
(Con la colaboración de la FUNDACIÓN CAJAMURCIA)

© JOSÉ RUBIO, 2025

© DE LA PRESENTE EDICIÓN: PRE-TEXTOS, 2025

LUIS SANTÁNGEL, 10
46005 VALENCIA
WWW.PRE-TEXTOS.COM

IMPRESO EN ESPAÑA
ISBN: 978-84-10309-51-7 • DEPÓSITO LEGAL: V-1241-2025

DISEÑO DE LA COLECCIÓN: ANDRÉS TRAPIELLO Y ALFONSO MELÉNDEZ
AL CUIDADO DE LA EDICIÓN: MANUEL RAMÍREZ

Viñeta: Ramón Gaya

Impreso en Safekat S. L.

a Gema y Juan

Toda la vida no es más que «mientras tanto».

JUAN RAMÓN JIMÉNEZ

EL AIRE

Si recibes el día bautizado
por un sueño ligero, suficiente,

y el aire que respiras te une al mundo,

y borra tus linderos,

y hasta tu resistencia
al amor la deshizo, no te extrañe,

es la estela visible e invisible
de la verdad cruzando por la casa.

PASOS DE DANZA

EN el gesto pausado de esa mujer que tiende
abstraída la ropa,
hay un paso de danza,
                        y en los juegos del niño
que a sus pies corretea,
hay un paso de danza en quien la mira.

En los pinos que suenan
por el viento que cruza,
en el canto del grillo,
                        en la astucia del gato
que acecha a la paloma,
hay un paso de danza.
                        La tibieza del día,
tu dolor, el silencio,
y los pasos más graves,
son un paso de danza.
                        En la fe hay un paso
diamantino de danza.

El libar de la abeja
sobre el jazmín, esas voces que suben
de la calle, y los pasos
vacilantes del viejo, son un paso de danza.

Tenerte y no tenerte,
y seguir esperando, estar conforme,
es un paso de danza.

DE NUEVO

Toda la luz del día
otra vez ahí enfrente, en la terraza:

la ha colmado, rebosa,
ha prendido su suelo.

Mueve el aire y dispersa
el olor del geranio,
                    se persiguen
dos palomas y al punto
se ocultan entre ramas,

han cesado los trinos de repente,

toman cuerpo las nubes, la luz muda.

Todo se dice y pasa, y el amor sigue ahí,
no se irá nunca.

NIEBLA

Vaho sobre las aguas,
                         va ascendiendo la niebla,
y toma aquellos montes,
pero aún no los cubre, se detiene,
deja asomar la línea de las cimas,

mide su afinidad con el silencio.

No roza el mar siquiera,
aunque anega su imagen lo más hondo
del corazón que mira.

AMIGOS

a Tomás Segovia y José Luis Parra

ALGO vive en su voz que los acerca,
aunque ya se hayan ido.

Basta leer un verso de los suyos,
y regresan aquí,
se añaden a la luz, nunca divagan,
flotan en el silencio, y puede que te digan:

«La tarde está luciente y aumentada
irradiando verdad conmovedora»,

o que alguno confiese:

«Conforme se suceden los años el amor
es menos posesión y más desprendimiento
y en ocasiones se confunde o se parece
cada vez más a la piedad»,

o que al cabo Tomás salga diciendo:

«Liberarme de mí
es ser fiel a mí mismo como nunca».

SIN TI

Si pudieras mirar
separado de ti, quizá verías
la identidad profunda
de lo que existe,
soles y vientos, sombra, lluvias, vida.

Hay algunas mañanas
en que la luz se expande con sonido de fuente,
rostros que son silencio, pero dicen
cuanto dice el amor en la mirada
de quienes aman.
                    Deja
que te cale la dicha de su canto,
dota de fe tu asombro,
mira sin ti de nuevo si pudieras.

ESTÁS en la primera de las charcas
que roturan el mar.
A tu izquierda aquel verde
extenso, y en el aire
un chillido que enhebra
a la luz su alegría:
y cruza la bandada de vencejos
salpicando las nubes
de caracteres chinos,
                  y al instante se pierde.

La mañana recobra
su silencio, y tú sigues
aquí,
         porque esta anchura ayuda mucho al alma.

DÍA DE LLUVIAS

HA llovido con fuerza, pero cede
por instantes la lluvia,
y ya escampa.
Aquí y allá salpican
manchas de luz el suelo.
El aire es más delgado,
cruza ligero alguno que camina
por celebrar la hora
y no lo sabe.
La tarde ha renacido.

Sin que los esperases, ya de noche,
después de cinco meses,
regresaron los hijos.
En dos palabras dicen de sus vidas:
al oírlos no entiendes
qué te pasa, o si sigues
siendo tú, si eres ellos o ninguno.
Se quedarán un tiempo.
La casa ha renacido.

MIRO el lápiz y el té sobre la mesa,
la lámpara encendida,
                                y en una nota antigua
un dolor mitigado, pero vivo,
que no encontró la forma de decirse.

Asoman por ahí papeles rotos.
Un libro de poemas está abierto,
es un poeta chino el que leo esta tarde:

«Llevo ya mucho tiempo sin componer poemas,
mis pensamientos son cual masa escurridiza,
tierra no cultivada asiduamente...»

Nacido hace diez siglos es un contemporáneo,
su verdad no difiere de la nuestra.

Una gota de lumbre del pasado
prende hoy estas líneas,
                                dice el presente mío.

a mi padre

Yo no sé qué decirte en esta hora
de luz interminable,
                sino que el equilibrio,
la alineación del sol con el signo de Cáncer,
la presencia continua
del milagro,
                era menos que verte.

Fue casi una leyenda
el día de San Juan mientras viviste.
Su víspera juntaba, como ahora,
el mar y las hogueras en el rito del fuego,
cuando el mundo se une,
                        y libera la noche
una pulsión de vida incontenible.

También aquel prodigio
era menos que verte.
Mi completa alegría la resume tu nombre.

Sonó sin adherencias

al comenzar la tarde,
iluminó la escucha.

Venía de los pinos.

Lo que no fue posible alcanzar en el mundo
lo alcanzó aquella voz en una nota.

CUALQUIER PALABRA

EN el espacio frío al que nos lleva
la ingratitud de alguien
a quien queremos,
cómo nos recupera
cualquier palabra oída levemente amorosa,
cómo nos acogemos a su acento
habitable, aquel mismo
que en tiempo de abundancia no apreciamos.

En los pisos ya no quedaba nadie,
pero en la planta baja,
                        un tapicero,
regentando el negocio, resistía.

Una tarde me hizo pasar a la trastienda
y me mostró un revólver:
«Es por el constructor, dicen que quiere echarme».
Sólo lo echó la ruina de la casa.

Al excavar la tierra detuvieron las obras.
Él volvía y miraba, complacido,
los problemas del otro.

Centenares de tumbas, y vasijas, y restos,
salieron a la luz,
la humedad del terreno era la justa.
Por las caries se supo la dieta de los árabes.

En el solar de la tapicería,
sobre suelo sagrado, empezó a construirse.

Se unió la casa al ciclo de la vida.

Otra vez hubo roces,
muertes y nacimientos, como en todas.

Alguna noche la pasó despierta,
a veces la tomaba la alegría.

a Vicente Gallego

Pone en claro su mundo,
edifica al nombrarlo un lugar habitable,
en él sabe moverse, recibirnos.

Nadie se llame a engaño,
acaba de decir que la muerte no existe,
recita aquel poema
y lo enlaza con otro,
                    añade que es de amor
innecesariamente,
                    nos abrazamos luego,
vuelve a fumar. Se hizo
sin sentir media noche.

Como si fuesen hebras de aquel humo,
sigue el eco del canto disolviendo las sombras.

DEJA QUE PASEN

Si el dolor se disipa
por oír aquel silbo
que llega de las ramas,
qué más da lo que diga alguno contra ti,
qué importan cualesquiera
noticias
si son parte del mundo,
qué la hiriente presencia de las cosas,
qué la imaginación y sus vaivenes,
o el enjambre furioso
de tus deseos.
No puedes ahuyentarlos,
pero deja que pasen
sin tocar tu deleite,
que no impidan el canto.

a mi hermana M.

LO que a menudo hice:

              acudir a tu casa

para saber de ti,
para contarte algo,
ya no es posible hacerlo.

Era fácil oírte, era fácil hablarte.

La realidad es otra, pero tu mundo sigue
en manos de la luz,
así estuvo lo mío cuando estaba en tus manos.

No dejarás ahora
olvidada mi casa
porque estés iniciando una ruta distinta,
ni mi amor será otro porque no pueda verte.

ENERO

(EN LO PAGÁN)

EN toda una semana haber escrito
apenas cuatro versos,
dirá alguno que es poco,
pero llegar aquí no fue sencillo.
Silenciarse no es fácil.

Volver aquí porque en el mes más frío
el sol templa la casa,

aquí, por este mar inescrutable
(hay algo de aventura hasta en sus calmas),

aquí, donde la niebla
tiende su veladura por las islas,

donde el mar y los montes se entretejen
como nunca había visto,

donde a mitad de tarde los silencios
dan espacio a las horas,

volver aquí también por estos pinos,
volver aquí para poder oírte.

CAMPANAS

(CON MI HIJA)

OREA su llamada la penumbra
de las vidas.
          Como el aire en que suenan,
llaman a cada uno sin distinguir a nadie.

Escúchalas conmigo, ven a la catedral.

Es víspera de fiesta,
aunque está anocheciendo sigue el flujo de gentes.

Entre tantos que acuden
habrá quien las desoiga,
                    pero también hay alguien
que templa su dolor porque las oye.

Dan voz a su deseo,
apuran su presente,
a su noche regresa el son del gozo.

Es la voz de mi padre que me llama
desde un poema escrito por Eugenio Montejo.

Él habla de su padre,
pero también del mío.

Cómo no presentir su voz ahora
en los versos de otro,
si ella supo nadar el agua fría,
y me nombró hasta que fue silencio.

PALENCIA

(2 DE MARZO DE 2022)

No son solo las piedras
de la ciudad antigua lo que vuelve a esta hora,
no es aún su silencio,
o aquel gozo del frío,
no el café que tomamos observando a las gentes.

Ni el rumor de la lluvia,
ni el jardín a la tarde,
                    ni siquiera las flores
dando luz a las ramas,
me dejaron más huella
que la simple alegría por estar allí juntos.

CÉZANNE, 1904

(FOTOGRAFÍA DE ÉMILE BERNARD)

QUÉ recogido
sobre sí, qué seguro
en el taller, delante de su cuadro,

con esa contención
del que ya nada quiere aunque lo espera todo,

a pesar de los años, manteniendo su fuerza
en aquel mirar quieto, y en las manos,

a pesar del dolor que sobrevuela
su gesto,
aún conserva su rostro la mirada del niño.

EL ASTRÓNOMO

ASOMA hoy mi vida en esta mesa.

Aquí tengo unos libros,
mis lápices, mis piedras, y la estampa
que me traje del Louvre.

Aquel mismo silencio
de la pintura, roza
y sostiene la mesa.

Leo ahora una línea:
«Quien no ama a su materia…,
dará en gran extravío».

Vuelvo a mirar la estampa.

Toca el hombre esa esfera
del mundo,
como si acariciase
una piel muy amada,
                    toca a la vez la vida.

El misterio de Vermeer sigue intacto.

ALENTADA por ti, por tus deseos,
la incitación del mundo
te ha excedido,
                    por eso te detienes.
Y aquí, sin esperarlo,
vislumbras la quietud en esa mancha
de luz que ves al fondo, en la cocina.

Toma un sol ya gastado este final de tarde,
la poca luz apura la presencia
creciente de los pinos,
la poca luz apura
este instante tu vida, y te sujeta
aquí, donde renaces
por la mirada, aquí,
donde te reconoces en tu sitio.

LLEGUÉ cuando acababa
la lluvia. Una luz tibia,
color casi de nube,
hizo suya la tarde en el jardín vacío.

Señalando el instante,
aquel tañido dilató la hora.

Ante un cielo apagado, ya sin color,
el verde resistía.
Enfrente de la casa era la casa.

AMOR BASTANTE

NADIE podrá seguirte
ahí,
  no lo pretendas.
Si entras en tu dolor andarás solo.

Es un lugar desierto el que transitas,
y áspero, difícil.
            Casi todos lo eluden.
No le interesa al mundo.

A quien no puede darte no le pidas
ayuda.
       Sólo espera.
A veces una voz, una mirada
saben decir, acuden,
                   se detienen
contigo.
Y son regazo, y son amor bastante.

ÁLOE

ESE brote más curvo,
tomado por el sol,
               hace vibrar la imagen
de su maceta, y sin sentir la colma
de nueva intimidad,
y ya no sé si el verde
acerado, es un jade o una planta,

pero me acompañó
en una hoja el esplendor del mundo.

LOS SILOS DE LA NIEVE

«¿Has llegado a los silos de la nieve?»
LIBRO DE JOB

MI casa ya no es mía,
la abandoné por demasiado tiempo
y la ocuparon otros.
He venido hasta aquí por recobrarla.

A cargo mío sigue una gran deuda,
deja que la afiance y si yo no cumpliese
haz después a tu antojo.

Toma como fianza mi deseo,
y déjame volver porque vislumbre
cerca de ti los silos de la nieve.

LLUVIA

Tuve el amor también aquellos días
hirientes,
porque quiso el amor movilizarse.

Lo recuerdo una noche,
después de meses secos sin oírlo,
dando voz a la lluvia,
infundiéndome un sueño
que era más que la vida.

AQUÍ, en la mesa, un cuarzo,
una forma tangible
de silencio.

    Y al levantar la vista,
el destello del mar entre las ramas
de los chopos,
        y una gran mancha verde,
que en un instante acoge lo vivido,
y lo asienta, y apura,
        y le quita su daño,

como el roce del tiempo se lo quita
a su modo,
      con ese
perpetuo acontecer que ya no es tiempo
siquiera,
sino piedad que puja con el verde.

MATOJOS

JUNTO al lago de sal, sobre las piedras,
sostenida en su sed,
                    se va moviendo
la voz de los matojos,
                    y ese acorde
de sequedad y luz apunta al alma.

ANIVERSARIO

a mi hermana M.

CON sus hojas aún verdes,
sobre granito oscuro,
                    han dejado unas flores
de buganvilia, rojas,
y a su lado una rama de algodón, florecida.

Quizá sepa decirte
sus colores, sus formas,
pero de su pureza,
o de la levedad con la que cubren
tu nombre,
quizá pueda decirte
mejor este silencio
que nos mantiene juntos.

GOTEA

CÓMO insiste el olivo
en el día de lluvia.

Aquel verdor trabado de la copa
se deshizo en esquirlas
de luz,
gotea transparencia.
Un crepitar pautado
ha roto su silencio.
Nunca lo había oído.

Hay un árbol ardiendo en la terraza.

AÚN

TIENES la sensación de que no queda
ya tiempo para nada,
                    pero dudas
de si será real, si no lo fue otro día
la sensación contraria.

Aunque tu vida ahora se reduce
a la par que tus fuerzas,
por instantes, si presiente el poema
el corazón avisa.

Te ha recobrado el sueño.
Es más claro tu día
porque oíste esa voz que te conmueve.

Aún suenan las palabras que llegaron anoche
con aquella alegría irremediable
de quien las dijo.

Acógelas aquí, deja que digan.

a Ramón Gaya

TRAEN a veces las horas
instantes que son luz, intimidad, y llenan
de gratitud el día.

Quiso quien lo guardaba regalarme,
y me mostró un cuaderno.
Hay un poema tuyo manuscrito,
y dibujos a lápiz de tus años en Roma.
Con el tiempo han dejado,
además de su huella,
además de su acento,
                              una especie de mancha,
una amorosa sombra,
un dejo de presencia en la hoja contigua.

Vuelves tú en esa sombra,
y ciñe tu presencia lo que amas.

FLORES SECAS

a Xavier Melloni

TODA esa contención es ya liturgia.

Se ha oscurecido el verde,
y se cerró la curva de las ramas.
Ya son papel de hilo,
color casi tabaco,
el jazmín, los claveles.

Mira cómo resiste
tomada de silencio la alegría.

AUNQUE tú te demores,
mi tarde es toda tuya.
Ya toqué tu presencia,·
                    y la estoy abrazando,
también te abrazaría si vinieses.

Sabe esperar la casa
mientras vienes.
                    Con frecuencia algo tuyo
se vislumbra en las flores,
en un timbre de voz, en algún gesto.

Orienta tú mis ojos,
y deja que lo vea, y lo siga, y te siga,
este andar en amor ya no me cansa.

AGRADECIMIENTOS

Este libro quedaría incompleto si no expresara la gratitud que debo a Eloy Sánchez Rosillo y Antonio Moreno, quienes, con enorme generosidad, me ayudaron a terminarlo de la mejor manera posible.

ÍNDICE

ACABOSE DE IMPRIMIR ESTE LIBRO

EL 21 DE ABRIL DE 2025